AQUÍ

AQUÍ

por

Francisco Caro

MAHALTA
POESÍA

© Francisco Caro Sierra

© Ilustración de portada: Variaciones sobre un paseo otoñal. Detalle.
  Autor Teo Serna
© Fotografía de contraportada y solapa: MC Barri
© Fotografía interior: Pedro Cabezas Delgado (†)

© Mahalta ediciones
Mahalta ediciones es un sello editorial de Añil desarrollo gráfico, S.L.
www.anil.es
www.mahalta.es

Primera edición: noviembre 2020
Segunda edición: enero 2024

ISBN: 978-84-128188-0-2
Depósito Legal: CR 1-2024

Impreso en España
Diseño y maquetación: Añil desarrollo gráfico, S.L.
Impresión: Safekat, S.L.

Con mis padres, Teresa y Leónides, en memoria.
Con mis hijas, Ana y Julia.
Antes, después.

Hay días en que el tiempo acude manso
y al lado de la luz...

Eliseo Diego

Es aquí donde espero
a que nadie me nombre, a que se calle
la prosa para siempre, aquí nací,
en estas tierras cuarzo de interior,
por aquí cruzan nubes, casi polvo
que desoye la mar, y sin embargo
la lluvia hizo caer sobre mi cuerpo
una gota que tuvo forma, roce y sonido
de corazón, de llaga.

Yo guardo todavía su rumor,
la bondad de su piedra,
yo guardo todavía aquella luz
sorda, de jaras, yo cobijo
aquí mi soledad, mi voz oculta
entre su indiferencia, aquí miro a las sombras
abrazarse a los montes, aquí ordeno
cada noche palabras que el día no endurece,
aquí leo las horas, aquí mis veinticuatro
pájaros aliados y enemigos.

Nadie sabe si es pronto
aún para el metal, para lo más oscuro
por la hoz de las venas,
o si es vivir asunto necesario,
pero es aquí —lo escribo—
donde aguardo sin ansia lo seguro
y su momento incierto.

Si pudiera tocarse la memoria,
suavemente irla acariciando

PEDRO A. GONZÁLEZ MORENO

I
Días y tierra

Verano de 1956

Si pudiera volver
a ser feliz,
a la cal y a la tierra,
a la altura inocente
y al verano de un niño entre albañiles.

Si regresara,
si tuviera tan sólo nueve edades
y Luis y Restituto,
mis dos tíos,
con paciencia y asombro
levantaran andamios, sueños, tapias,
el milagro de un huerto
que mi madre llenara de rosales.

Y si después ahondaran
aquel pozo infinito,
de blanda arena,
porque hubiera también
un redondo lugar para los miedos.

AL OLMO DE SAN BARTOLOMÉ

Desnudo ya, te ofreces al paisaje
de pardas o amarillas sementeras
que habitaste doscientas primaveras,
cautivo y fiel,
en pródigo hospedaje.

Perdida ya la fronda, es el coraje
la savia que te nutre,
pues quisieras
quedar en el lugar donde vivieras,
convirtiendo tu muerte en homenaje.

Orgullo vegetal,
anhelo en giro
tu mano, que pretende asir el viento
en busca de segura permanencia.

Olmo de paz, al contemplarte aspiro
a contar la belleza del intento,
prisionera mi voz
de tu presencia.

Levanta, hijo

En esos días era
impaciencia y un rito el abrigarse.
Levanta, hijo, me decías,
el patio es todo blanco.

Yo quiero que me hagas,
como otras veces, madre,
con un poco de nieve, con azúcar,
una «gloria» con zumo de naranja.

Era luego esperar
las nueve en la campana del reloj,
salir hacia la escuela
—los pantalones cortos todavía—,
caminar sobre el cielo,
gozarse en el crujir de las pisadas.

Era sentir
el mundo en el instante que comienza.

Y es que siempre era, madre,
nevar un grito
fugaz, un sobresalto,
en aquel pueblo niño que a mitades
se soñaba manchego y montesino,
me soñaba.

La fragua de Ángel

Qué dúctil a los versos es el hierro,
yo he visto hacer su forja.

Ángel *el de Avelino* lo sabía,
por ello las canciones,
los martillos,
caían sobre el yunque
con la misma aprendida contundencia
de minerales pablos y vallejos.

En el horno,
sin un temblor quemaba
celayas de carbón enfurecido,
metáforas del norte, limpias brasas,
hogares de aleixandre
contagiado de rojos irascibles.

Otras veces,
esfuerzo delicado,
aguzaba las rejas con salinas
y los mazos
altivos se alternaban
alza y golpe con dámaso el primero
y alza y golpe el otro con gerardo.

Callar era miguel,
callar era la rabia y el silencio,
la templanza debida de las aguas.

Ángel *el de Avelino* tal vez fuera
uno de aquellos
     herreros torrenciales
de los cuales hablaban la esperanza,
las voces a escondidas:
gente capaz, cegada en el empeño
de hacer de los poetas un bien útil.

 (Yo era un niño,
 estuve en esa fragua,
 lo vi todo,
 que todo sucedía en nuestra calle).

INSTANTÁNEA

Bien lo recuerdo, los recuerdo,
yo era muy casi nada.

En un lado, mi padre
tras disponer con jaras el inicio
del fuego para todos,
con su adusta manera, por manchego,
de decir buenos días
y acariciar mi nuca.

Al otro lado
de la lumbre que entonces
sanaba los diciembres,
me hablaban contenidas
la mirada de vuelo, la ternura
en hilos de mi madre.

Mi primera farmacia

Me pesó Paco Plaza, el orondo
mancebo que atendía la botica
—don Enrique vivía en el casino—, *diecisiete
kilos de niño* susurró
tras desplazar las pesas sin cuidado
y sacar del bolsillo el caramelo
de menta que solía.

Llegué a casa
con la cifra grabada en mi memoria
—la guardo todavía—, y
bien sujeta la compra de costumbre:
un cartón en cilindro con leyenda
"Torres Muñoz. Bicarbonato", porque
sucedía que padre,
bebedor de café como ninguno,
gozaba de solemne
úlcera estomacal, que no cerraba.

Vive aún la apoteca
en la esquina de entonces y familia de entonces,
abuelo, hija, nieta, tengo
que llegarme algún día: tal vez sigan los frascos,
la báscula cromada, tal vez ellos recuerden
aquellos acarreos premiados de mi infancia.

El cine de Antonio

Era un cine, sin más, al aire libre,
un viejo corralón enjalbegado
de cal y una pantalla que a las once
ardía sobre el tedio castellano.

Confieso que no sé
los años —cuánto tiempo— que cerraron
sus divergentes luces y las sombras
que habitaran el serio y solitario
sentido del deber en *Gary Cooper*,
las sillas de madera, yo asombrado
del arte de expulsar en *Lauren Bacall*
el humo del tabaco,
el olor de dondiegos en la noche
sobre el suelo de un tímido empedrado,
un escéptico *Bogart* que dispara,
que gruñe masticando,
los roncos altavoces, *Brigadoom*
y *Duelo al Sol*, los limpios puñetazos
de un *Eddie Constantine* insuperable,
un *Gassman* desgarbado,
Marabuntas feroces de recuerdos,
o de hormigas... de un tiempo que he guardado
cerca del corazón, como si fueran
a volver los amigos y el milagro
de una infancia feliz al aire libre
y a las once en el cine de un verano.

Leónides

Los ruidos, eran sus ruidos, yo sé
todavía el temor de mi almohada,
y es que abajo gemían las tijeras
a las seis del invierno; a mi cuarto
ascendía el rumor,
a mi niñez
de pájaro atrapado;
                        por las telas
el crujido primero que rompía
al golpe del acero, la pequeña
ventana de la noche,
                          aquel ayer
que me niega su olvido, tras la mesa
la queja de sus pasos,
y los inquietos silbos de su espera,
pequeño yo,
                   mi padre solo, ruidos,
entre él y yo la vida, la escalera.

El primer dni

Hay instantes que esperan su regreso
en un rincón, callados,
como el de este carné
ajado en su memoria plástico
que un libro de Eric Fromm me reservaba.

Al mirarlo pregunto qué me queda
del bozo adolescente, cuánto
de esta fotografía dni
además de aquel número que vino
para grabarse a fuego, y es mi marca.

Qué del rostro entre dudas
que trasiega de niño a ciudadano,
del bachiller que hablaba con los ángeles,
del temblor en su piel y por sus ojos
oscuros una tímida esperanza.

Sino el recuerdo
de aquella *Calle Nueva*,
la que sirve de fondo, repleta de alegría
     (la fábrica de Soto y sus conservas,
     herreros, carreteros, herradores,
     las singer de mi padre),
de talleres y música,
de todo cuanto entonces
era hermoso y cantaba.

Los chiris de la iglesia

En primavera vuelven por costumbre,
aquí desean ver nacer sus crías,
son rapaces, pequeños, vulnerables,
y vigilan con celo nuestro campo.

Llegan y buscan por refugio humilde
los mechinales altos, nuestro templo,
los aleros, las tejas descompuestas,
las oquedades, el tapial de barro.

Al llegar, cuántas veces hallan roto
o en rígido cemento, impenetrable,
el nido en que nacieron, bien tapiada
la rendija que fuera hogar antaño.

Sobrevuelan ligeros los rastrojos,
las laderas del monte, son bicheros:
saltamontes, cigarras, alacranes...
que avizoran en rañas y secanos.

Son pocos los que saben en el pueblo
su nombre más común, su credencial,
por risueños y alegres desde siempre
les decimos los «chiris», los amamos.

Venid, volved, volad, sajad los aires,
«cernícalos primilla» de los libros:
traed la primavera, la alegría,
la que hoy más que nunca precisamos.

SIERRA DE LA CRUZ

Todo,
ese bilingüe signo
morado que levantan los cantuesos,
esa crespa ladera que se yergue,
esos labios que sangran amarillos
en la flor de la aulaga.

Esas calvas cuarcitas cuando retan
a las bocas del aire,
las adustas encinas, los maduros
noviembres del madroño,
esas voces redondas que me llaman.

Esos grises canchales que se tienden
y esas lenguas umbrías
del lentisco, su verde claridad,
las cinco diminutas vocales que descienden
de la lluvia cantando con las aguas.

Todo habla por mí
en esta sierra, sierra
que mi niñez oyó y que hoy mide mi tiempo,
los días que me quedan
de lo que fue la infancia.

Yo digo sólo jara, brezos,
como diría madre
ausente, cuna, fin de abril,
como diría lumbres, gozo, patria.

TERESA

En el desván
humilde de la tarde de un verano,
repartida
entre viejos
figurines de modas
ya caducas (de pálidas modelos),
dentada, ya sin lustre,
pervivía en los sellos
la segunda república española,
bien oculta
igual que tantas cosas
que vencieron mis celos infantiles.

Así supe
la verdad sospechada,
sus cartas manuscritas,
el amor que un soldado en su derrota
enviara a escondidas a mi madre.

Los platillos, un juego

Ocupando la escena
tres amigos rivales, tal vez cuatro,
en edad de primeras comuniones,
reunidos sin límites
ni tiempo alrededor, entonces no sabíamos,
de un sencillo y masónico triángulo.

En sus vértices
habíamos dejado
las chapas decoradas
con Pahiños y Zarras, con Basoras,
con ídolos tan fuertes como el barro.

En la acera
de cemento alisado disponíamos
los platillos misiles, la codicia,
más allá de una línea
trazada en yeso fuerte.

Y era el asunto ser sagaz.

Ganaba quien primero
sacase del recinto aquel botín
o quien lograra
matar al otro
antes que ser él muerto.

No era un juego infantil, ya era la vida.

EL BARREÑO DE ZINC

Ofrecidas al alto mediodía,
al fuego del verano,
alineadas en cubos,
en un rincón del patio y al silencio,
aguas de sol y zinc esperarían
que sonaran las seis
porque entonces la mano,
tan segura y tan tibia de mi madre,
llenaría la piel, la antigua infancia,
de acordadas caricias, de jabón perfumado.

Descendería
después la mansedumbre
(volcada con qué cuido) que guardaban
por las carnes urgentes,
verticales, de todos los hermanos
hasta rodar en sombras por las piedras,
derribando en la huida
inocente el perfil de los desnudos.

Pero el calor,
aquel calor dorado y hondo
que escondían
—y que ahora confieso que rescato—
demoraría el curso,
pausadísimo y bronce, por los cuerpos
cual si fuera mendigo
que confuso buscara
un quieto corazón donde alojarse.

Las armas del fondo

Fui con padre, llevado de su mano,
a un tramo más al norte,
curso arriba de octubre y el molino,
serio, iba el silencio con él.

Fue el verano un estío excesivo, seco, llano,
subíamos el cauce,
piedra viva; buscaba la callada, la cautiva,
tristeza de un ayer republicano.

Fue sospecha que tropas ya vencidas
arrojaron fusiles y los sueños
al fondo de las aguas,
luego hallamos
en verdín unas armas sorprendidas:
Nosotros —dijo entonces— *somos dueños*
sólo de las derrotas que callamos.

Las avispas

Sobre mínimas aguas, otoñales,
el zumbar indolente y amarillo
de las viejas avispas,
¿son acaso las mismas
que guardaban la Fuente del Jardín
y el recuerdo conserva?

Miro atento su danza,
su vibrar proletario,
nunca entendí
si su vuelo es desdén o desafío.

Yo miraba de lejos
su reto permanente, siempre niño
guerrero de antifaces, pequeño en la pelea,
temeroso de inútiles derrotas.

Hoy que vuelvo
a escuchar su zumbido, su deseo
de paz o enemistades,
ya sé que son las mismas,
que todo muere sé, que todo permanece,
que soy el mismo miedo,
que acaso soy el mismo.

JARA

En los altos, los últimos canchales,
confundida en la luz y a la mirada,
como hueste de infantes que agrupada
acechase los llanos cereales

esa mancha de verdes nocturnales
hace a la sierra tímida, erizada,
extensa cada mayo a la nevada,
al blanco de la flor de los jarales.

Es mi jara infantil, arisca y pura,
la que guarda entre riscos la aventura,
la esperanza de un tiempo ya gastado

alimento de hogar, lumbre de gleba,
humilde vegetal, cautiva os lleva
un corazón en tu calor alzado.

CALLE NUEVA

Patio de mi casa antigua,
patio de juegos
que hizo fugaz y desnudó la tarde,
he vuelto a lo que fue su territorio,
al mimo que crecía en las macetas,
a sus piedras gastadas,
al sosiego
de la lluvia que baja

por

el

zinc.

Mi habitación vacía,
el hueco de los libros
en el tapial que horada su alacena,
sobre los muros
detenida la voz de un calendario,
la antigua libertad
de una ventana.

Tras los cristales, el invierno mira,
reconozco unos ojos
que alguna vez supieron mi esperanza,
quizás quieran
saber de mi regreso,
quizás pregunten
qué hicimos en los años novecientos,
el secreto de aquel sesenta y cinco.

SANDALIA

Se llamaba Sandalia,
no hay otra en todo el pueblo con mi nombre,
nos decía,
por eso nunca
he vuelto la cabeza en vano,
siempre sé que soy yo cuando alguien llama.

De negro, como todas,
era el tiempo del luto y su costumbre,
menuda,
andaba a pasos cortos, las manos recogidas;
tuvo suerte y a nadie
perdió en la guerra, pudo ver a su hijo
—mi padre luego—
volver del Guadarrama
con los pulmones rotos por el frío
y un hambre desmedida de tabaco.

Años antes —me parece que el 20—
cuando llena su entraña
esperaba una hija, murió su amparo,
murió mi abuelo.

Con lo puesto siguió, en el íntimo cuido
de su familia pobre, pero junta,
pero justa; pantalonera humilde,
del afán de sus manos hizo que el sol saliera
a calentar su hogar día tras día.

Nunca escuché
alta o recia su voz, su fortaleza
estaba en lo sencillo, en su figura en sombra,
y la suya
fue la primera muerte que me buscó de cerca:
cayó en el patio, junto al pozo,
inerme, sola, pero no vencida
por otra cosa que no fuese
haber vivido su coraje a tientas y encendido.

Pegado a su memoria, hoy
conservo junto a mí
aquel brocal de arcilla que la viera caer,
y la dulzura
de antiguas tardes-noches de verano,
Paquito, me llamaba para darme sus fritas
rebanadas de pan empapadas en vino,
que aún y todavía, sabedlo, me alimentan.

FUENTEAGRIA

Aquí,
donde el agua dorada

aquí,
disputándole el sitio a los hondos veneros

bajo hierbas sin nombre,
hojas secas y sombras,
donde tanto jugué
y en donde tantos juegan todavía

donde perdieron
los olmos negrecidos su batalla,
aquí, entre los nuevos,
los inocentes álamos
blancos que ya no los recuerdan

aquí el hoyo

en él la rota
arcilla que contiene
los instantes de luz, lo malvivido,
las renuncias, la plata

la hucha del vivir y sus pedazos.

TREGUA

El tiempo sin amor
es sólo calendario,
un papel sin relieve,
una cifra
anunciada y sin patria,
que no pesa.

*Hay que escribir los muros. Las palabras
duran más que las piedras.*

Federico Gallego Ripoll

II
Patio,
y en ocasiones agosto

LA CASA

Esta casa,
alzada en lo que antes fuera huerto,
nació cuando mis hijas,
con ellas, para ellas.

La iniciamos el año en que mi padre
encontró su diciembre,
aquel en que cayó cuando volvía
de ver cómo las obras levantaban.

El antes y el después
—inagotables—
la danza que separa y perpetúa.

Ana nos avisó mientras estábamos
trazando los cimientos,
llegó luego,
a la vez que los muros se crecían,
y yo, por celebrarlo,
planté el ciprés que aún nos protege.

Julia vino
justo al año de estar bajo sus tejas,
cuando hicimos el patio que nos mima
y extendimos lo verde,
las alfombras,
dando fin al empeño
con el nogal de Lérida.

Escribo los orígenes,
los sucesos del tiempo de esta casa,
y escribo que la vida quiso unirnos
en la exacta mitad del tiempo de ellas.

Vivirla ha sido siempre y desde entonces
un trajinar alegre.

Palacio de verano, dicen
que es fría en los inviernos.

Aquí

Aquí,
en este patio
que me aísla del mundo y lo contiene.

Sábado de marzo

He podado el laurel y se derrama
por la tierra la anchura de su aroma,
el nogal ya vertió, digno y silencio,
sus motivos, su queja, su desgarro.

    (Noto el aire de seda, apenas un latido).

Tras recoger las hojas, el invierno,
escucho cómo un sol irreverente
pregunta a la pared en yedra de mi patio
sobre el recio dolor de ser lo inmóvil.

    (Si vivir sólo fuera atender a lo ajeno,
    rozar instantes).

Tapizaré de gris, luego en la tarde,
este breve rincón —treinta adoquines
que rescaté hace días del escombro—
quiero que su lamido basalto me recuerde
las fértiles canteras de mi infancia.

    (Suenan las horas, suenan
    las vértebras, mi pueblo, la luz arrepentida).

Oscurece en el pozo y las macetas,
resisto hasta que tú y la noche hagáis ciertos
esta vieja niñez en compañía,
estos días que hieren, estos días coágulo.

INSTANTES

Libre, sin muros,
una ventana vive sola en el patio.

Pelean, aman,
verticales se muerden pared y yedra.

Sombra y luz parten
por mitad el peldaño, sol mediodía.

Tambor liviano,
una nuez cae al suelo desde la rama.

Cuerda tensada,
de laurel a nogal sueña la ropa.

ALBA EN EL PATIO

Es agosto y el alba crece limpia.
He salido a regar cuando la luz
apenas si conoce los perfiles
que le ofrecen las cosas; nace el mundo,
el día es un secreto mientras suena
el ruido de las aguas.

Son las últimas noches sin rocío,
despertando al nogal revolotea
la pareja de tordos, tal vez ellos
trajeron hasta el patio las carnosas
semillas del granado, las moreras,
el color del olivo.

En su rincón del sueño, los evónimos
han perdido la flor que convocaba
al hambre y el volar de las abejas.
Con medida avaricia, por los muros,
alta crece la yedra, vencedora
del blanco de la cal.

Hay un mirlo que canta, que pregunta
por la sombra cortada de aquel pino,
palacio mirador de las torcaces
y que al hombre retó con su soberbia.
Aquel pino, me dice, que soñara
ser cúpula y celeste.

Como cofre de olores, guarda el lilo
su tesoro de abril; junto a su tronco
y entre el verde acerado de las cinco
aspidistras, la sombra se hace fuerte.
Dos hortensias preparan su pelea
contra el rigor del día.

¿Ha de nacer lo bello de la angustia
de un rosal y el dolor enamorados?
¿Es la armonía fruto del combate?
¿Ha de vencer el bien a su amenaza?
¿Por qué sufren los pétalos fatiga,
y mis rosas tristeza?

Traigo el agua del pozo, del misterio
donde ahondaron mis tíos —cómo guardo
vuestra calma, Luis Díaz, Restituto—
mientras yo, niño incierto, me asombraba.
En su brocal calizo crece el musgo
y el liquen que devora.

Altivo como un templo, rumoroso,
el ciprés que no duerme, que vigila,
alborea colmado de gorriones,
de diminutos trinos, de revuelos,
y en el tremor de la mañana quiere
mi corazón alzarse.

Devorada su carne, los geranios
erizan sus minúsculos aromas;
es tan claro el azul que ya comienzan
lentamente a cerrarse los dondiegos.
Ara el sol los tejados y a mis ojos,
muy quieto, gira el mundo.

Todo goza su ser, se desperezan
la petunia y sus débiles azules,
la timidez enhiesta de la salvia.
Qué leve todo en el umbral del día,
hablo con el laurel: entre el azar
y el tiempo sueña el hombre.

Colma el agua que guío las macetas
de los nuevos jazmines, con deseo
derramo su caudal y las baldosas
me devuelven su líquido frescor.
Todo canta en el patio porque vive
y es la luz indefensa.

¿Es señal de cordura estar así,
hablando con los árboles, regando,
y buscando en el dios que aquí se esconde?
Ese dios que jamás he comprendido
si no es aquí, en el milagro humilde
de este patio en agosto.

NUBE DE AGOSTO

Yo aguardo con anhelo
estas nubes de agosto,
la trama de su escándalo,
tú deseas que encuentre
al agua su revés,
que sus sílabas sean
gotas con que decirnos.

Hace años levantamos
este patio con restos
de secretos inútiles
y sus tapias son hoy
poblados folios, labios,
miradas que nos leen,
bocas que deletrean.

El ruido de las nubes,
su negritud, anuncia
el húmedo engranaje,
la tarde quiere hablar
a dos cuerpos que esperan,
que son tan sólo tacto
mojado para el tacto.

Los vilanos

Veo pasar vilanos,
el azar de su esfera, veo pasar los días
sin voluntad, tan ecos, mientras sigo
en mi doble querencia:
desdén de lo que sacia
y amar lo frágil, amar lo inútil,
desesperadamente.

Por ello me negué
a palabras parásitas que busquen
hacer nido en mi cuerpo,
y les cierro las puertas,
y me oculto en lo oscuro
para que nunca encuentren
posada en mí.

Es agosto y no cesan
de cruzar los vilanos, los vilanos...

Infiel a todo lo que calme,
vivo de lo inexacto, busco en ellos
la palabra insegura,
la incapaz de saberme,
la que me deja libre porque sólo
me observa y pasa.

El sol, el polvo

Si lloviera...
NICOLÁS DEL HIERRO

El polvo virgen de las secas
llanuras interiores,
este círculo pardo.

Este polvo que cerca
y este viento que es arma.

Polvo que no
reconoce la mar,
que no ha bebido
en la madera de los barcos rotos.

Este viento no sabe, no
se detiene.

El campo es avaricia, meseta ronca,
un animal sediento que araña las cortezas,
que en inclemencia ciñe
la agrietada cintura de cualquier caminante.

Volveré a respirar —escribo—
cuando suene la noche.

La luz es una garra, la sequía es redonda
y la nariz no aspira sino polvo,
esparto y hiel que desafían.

Este polvo que ignora
el verde desespero
de los árboles, este
polvo no sabe, no responde,
no desea caminos
que den al mar, sólo pregunta
por los vivos y vuelve,
por los muertos y vuelve.

Soplos

Sola en su herida
entre tantas hermanas, la teja rota.

Sin ser llamadas
de la grieta acuden cien mil hormigas.

Fugaz, airoso,
desde el húmedo césped un hongo mira.

Veinte de agosto,
golondrinas, vencejos sajan el aire.

Leo en el patio,
cierro el libro y aún queda sol en sus páginas.

Ciprés dañado

En este patio en donde
el verano se adensa,
donde me siento
a contemplar el día, quedará
mudo el tocón de mi ciprés dañado.

Árabe y mustia, su raíz
lo salvará unos años del olvido.

Sé que no viviré
en la futura tarde y clandestina
el instante talado de su crimen,
pero tal vez aquí,
en este patio que hoy poblamos juntos,
se guarde la memoria de su altura,
de sus verdes
oscuros y sus pájaros,
de su oficio vigía
que aún ampara del mundo y de los miedos
los muros de mi casa,
y en el arrumbe
de su madera queden
velados los trabajos y los días,
el consuelo de nuestras
conversaciones.

Tal vez
cuando sean desierto
las nostalgias doradas o los aires
en que fuimos recíproca conciencia

y el mutuo dolor se haya borrado,
hablará su vacío, quedará su armonía
en los nidos gorriones,
en los cielos más ciegos de las tejas que amó,
en los leves geranios,
en el barro sumiso de las rojas baldosas,
en el callado roce
de esta luz que al caer se transparenta.

A CUATRO MANOS

Busque
su llama el humo, busque
su cuando el sueño,
busque el agua los cauces,
busque
fuente el desierto,
busque instantes la muerte,
busque el odio
sus fuegos,
busque el vivir asombros,
busque el color
consuelos,
en el patio de agosto
tú y yo somos el tiempo.

29 DE AGOSTO

Recela
agosto su final,
mi ausencia el patio.

Se hace espesa la tarde.

El cactus que tan breve
estuvo florecido,
los dos geranios ángeles
que saben mi extrañeza
y las salvias humildes,
las que lloran,
vienen a mí, me hablan.

Quédate con nosotros,
dicen,
tal vez aquí consigas
olvidar el futuro, lo tramado,
dejar de ser quien huye,
ser tú sin ti.

Cactus en flor junto al brocal

La flor que aleatoria-
mente surge,
que alza en la mansedumbre de mi patio,
es una flor perfecta, sin jactancias,
que aguardo, dura en esplendor apenas
veinticuatro horas, luego declina.

Yo permanezco atento,
sé que abre cuando abre mi conciencia,
cuando me ve pasar y tiemblo,
mío es su fulgor: su instante puro
—sólo a dos— es nuestro.

La miro hoy, treinta de agosto, quiero
escribirla,
yo soy ese temblor de insecto
que merodea y cata, que atisba su profunda
caducidad, donde tal vez penetre.

Sé que esta noche morirá, que debo
aprehender estas siete de la tarde,
de una tarde que tiene
algo de alta piedad, de luz confusa,
pero es así como hablan nuestros dioses.

Una flor sola,
una voz sola al borde de lo efímero,
de los patios cerrados del poema,
de tan leve fragmento de la belleza dada.

CONFESIÓN DE FORTUNA

Con la misma fortuna
que a algunos les ocurre —Colinas y Rosillo
lo tienen declarado, por ejemplo—
también yo
he sentido en el patio y a la tarde
cómo el sol acudía tan sólo para verme.

Lector sentado, aunque
distraídos los ojos de la página, observo cómo
él se ocupa y recrea
en el revoloteo ágil
de las hojas en sombra que mueven la pared,
hay un instante breve en que su luz se ablanda,
en el que nos reconocemos solos
los dos y juntos.

Sabe de mí desde perdidos tiempos
y aunque yo ya soy otro,
ajeno él a esas minucias,
sobre el atardecer que nos importa
alguna vez me habla,
se detiene y me habla, dice serio:
no cedas tu mirada ni abandones,
cuida la casa, cierne
con tiento tus vocales, y porque a veces dudas
sobre lo necesario
en el poema elige
primero ser verdad, después estilo.

El laurel

Nombrar frente a un laurel
que nada olvida.

Nombrar como un oficio que persigue
lo oculto, las preguntas.

Nombrar hasta que hallemos
las olvidadas señas de lo que fue mi rostro.

Aquel rostro:
denso perfil de sueños, fugacidad y espera,
donde talló a cincel la luz que hoy vuelve.

APUNTES

Afán de mirlos,
con azadones rosas minan la hierba.

Arcilla rota
de un brocal que fue pozo, círculo y agua.

Bello y silencio,
oye un búho la noche sobre el ciprés.

Tronco de evónimo,
por su camino un gato busca la altura.

Con débil hebra
trama el gorrión su casa, nada desprecies.

La sombra

Por qué la sombra ha de valer
menos que un hombre
si es más sincera.

Rebelde ante el orgullo
enfermizo del sol, y muda,
detrás de mí, en la pared espera.

No sabe de la cal ni subterfugios
y ensaya con mi cuerpo
la noche verdadera.

PATIO EN NOVIEMBRE

Tras saber por los cestos
de mimbre que las nueces han sido recogidas,
y que las han dorado
con dulzuras el sol y el fin de octubre,
busca el patio ser otro, se aletarga,
se acuna en sí cansado y tímido,
hace ajuar su conciencia,
se hace tiempo sin dueño.

Las otoñales manos
y celos que lo cuidan contemplan su mudanza,
observan cómo
teme al frío la fiel salamanquesa,
y cómo las begonias
reclaman el techado que les sirva de abrigo,
la parra vieja luce
su caldero color de cobre seco.

Campan
sin temores las hojas, entre verdes
van creciendo los rojos del evónimo,
la luz busca los ángulos,
los blancos sucios, desvaídos; una
mujer y un hombre se retiran,
es noviembre, sospechan
que el patio necesita sólo sueño.

Dichoso aquel que sale
de su casa despacio
y va andando tranquilo, tal vez silbando un poco.

José Luis Morales

III
Respiraciones

Tú

De la mano,
como el poeta Ángel
González acostumbra
a llevar al lector en sus poemas,
así llegaste
a estos campos de jara,
del rosa brezo,
de cuarzos escarpados,
a la tierra
dejada en voluntad al mediodía,
al ocioso dudar de la veleta.

Llegaste de mi mano conducida
al rumor sosegado del Bullaque,
a los ocres incendios
con que viven los chopos los noviembres,
al lugar donde el viento,
siempre humilde,
detiene su pasar y esconde
su deseo en olivos y en olmedas.

Así viniste,
dejándote llevar, como quien ama.

Ante la Tabla de la Yedra

El murallón maltrecho del molino
que sosiega tus aguas, tan dormidas,
tus frondosos nenúfares perdidos,
los altos verdes de las dos orillas.

La luz ocre en las copas de los chopos,
los vientos que rozándote te rizan,
las mudas armas del oscuro fondo,
los caminantes que aman tus umbrías.

Tabla donde el Bullaque se detiene
a la mitad del curso de sus días,
donde inclinado el sauce busca, bebe
crepúsculos, quietud, melancolía.

A tu paisaje está mi voz sujeta,
contigo supe lluvias y sequías,
he crecido y amado en tus riberas,
hacia el mar, por tu cauce, va mi vida.

DESDE EL CIPRÉS

El sol cede y escribo.

Desde la mesa he visto
en tropel, diminutos,
acudir los gorriones
al árbol donde guardan,
cómplices del instante,
de la luz como rito,
el cansancio del día
no impide su canción.

Va la tarde al secreto
y yo mientras escribo.

Con el lápiz pretendo
dibujar en la hoja
donde crece el poema
el amparo, la forma,
la sombra del ciprés.

No deseo añadir
oscuro a las palabras
que acudieron, pequeñas,
para salvarme sino
que sepan del milagro,
que en el papel escuchen
un revuelo y un canto
como el que escucho yo.

PUENTE DE LOS YERROS

Según salgo hacia el sur,
en la vaguada el *Puente
de los Yerros*, que así llamábamos,
a veces me detengo y siempre
cruzo por él con ojos
que me devuelven niño hacia la tarde.

Allí siguen los juncos todavía,
su verde desafío,
allí su hermosa y sorda desnudez,
escucho unos momentos la canción
que asciende desde un agua
oscura y su temblor sumiso de tristeza.

Disimulan las hierbas el descuido,
el pecado del hombre que ha cubierto
con escombros sus márgenes;
los olmos en grafiosis,
los álamos talados, los indecisos chopos
con pesadumbre pueblan las orillas.

Cruzo el arroyo y su corriente parda,
aquello que fue limpio, lo que ahora
avergonzado huye ceniciento:
no volveremos, bien lo sabes,
Arroyo del Moral, a ser ya nunca el agua
ni los días ingenuos que fuimos.

Esta mano

Esta mano que ahora
—veinticuatro y diciembre—
se ocupa en escribir nubes, renglones,
es la misma que usara
José el tejero
para domar la greda,
para decirle al barro que somos uno,
sin que el agua y la paja osaran nunca
contradecirle.

La misma mano
con la que el otro abuelo,
por el cual llevo el nombre,
guiara mulas yuntas a conocer auroras,
y al que no conocí, porque dicen que tuvo
necesidad urgente de morirse
veintisiete
años antes de que yo conociera.

La misma, sin dudar, con que mi padre,
sastre por el destino, extendiera las telas
que con tiza y con mimo remarcaba
para el dolor del corte;
sé que entonces madrugaba el invierno,
que yo le era compañía
aprendiendo lecciones de memoria,
el libro bajo el arco
de una máquina singer de coser.

Sí, esta mano
que amasa, guía, corta, que se atreve
en los días de niebla
al oficio sutil de las palabras,
sabe que su saber
es un saber prestado, siempre lo supo,
por el sudor y el sueño de los míos.

Vado

El lugar no es el mismo que era entonces:
el vado del molino,
donde el agua, ya usada, se serena.
Aquí llegaban
temprano las mujeres, venían con la sana,
contagiosa alegría de las gentes
habladoras y prestas.

Con qué fruición
el vaivén de sus manos, el jabón y la lana
dejaban por el río el olor del invierno,
los secretos dormidos,
los nocturnos cansancios, la abundancia
pasada del amor sobre los lechos.
Todo estaba flotando —sol primero de junio—,
a mis ojos de niño: años malos y tedios,
el olor jabonado del agua casi blanca,
las noches de pereza, la sorpresa en la boca
redonda de los peces,
la plenitud, a oscuras, del deseo.

Ni la ribera luce
espinos florecidos por la lana
ni es igual ya el paisaje sin ellas,
y me pregunto cómo
conseguirán ahora que regresen
vegetales y nuevos a la casa
los aromas del tálamo primero.

Seis de mayo en la Fuenteagria, frente a la estela, con Nicolás del Hierro

Nicolás,
está la tarde abierta, fértil de luz, de verdes
altos y olivos;
bajo este sol que escucha y nos abraza,
nos vamos congregando, aquí, en esta altura,
frente al campo feraz de Piedrabuena.

Nos has traído tú.

Sabes, ahora
el trabajo del campo es diferente,
ya no es el de tu infancia
de niño pronto huérfano,
no hay sudor ni fatiga en las cosechas,
ya la sangre dorada
de tu abuelo y tu padre segadores
no se inclina en los campos
que tú cantaste,
pero es tu mismo pueblo, la patria que quisiste,
tu paisaje y tu gente.

Nos hemos reunido
para volver a ti
una vez que tu sangre,
desde enero de este año diecisiete,
ya es tierra con la tierra;

dicen que lo lejano
no puede ser instante, pero tú
has vuelto con nosotros, y nos dices:
Ya es primavera, hijo, y los sembrados...

Lo escribiste una vez para el poema,
querías que tu hijo no olvidara
tu raíz ni su origen,
querías que supiera que el trabajo
de los humildes y los dignos puede
llevarnos de la mano a la justicia,
dos anhelos que en alto pregonaste
y que fueron orgullo.

Frente al campo y el sur de Piedrabuena
nos hemos reunido
para decir que fuiste, Nicolás,
poeta con la gente,
poeta al borde de la luz y en ocasiones
al borde casi de la duda, de la niebla,
que arañaste la piel de un tiempo roto
hasta encontrar el hielo
o tocar el temblor,
que labraste barbechos y escribiste palabras
donde yacen cansados los gritos de los hombres,
sus limpias esperanzas,
por eso tantos
nos hemos agrupado junto a ti,
aquí, la Fuentagria, mayo y seis,

porque juntos queremos
levantarte un acero de memorias,
aquí, frente a esta granazón
de cereal y paz que te cobija.

Si nos vieras contigo.

Está fértil la tarde y su aroma pronuncia
también tu nombre,
el caño mana en su canción tu verso,
la luz no quiere irse, no desea
guardarse todavía en el crepúsculo,
tal vez
por no traer la noche hasta los trigos.

Sabemos que te has ido al largo viaje,
pero aquí,
tus palabras en alto, que hoy leemos con todos
para todos,
dicen que continúas, dicen que sigue
con nosotros tu gesto,
tu voz,
tu primavera.

En el alto de las antenas

Hasta la crestería, he subido hasta el pie
del zigzag con que urdieron los altos armazones,
he subido y aquí me quedaré
hasta que el sol se oxide, ceda.

He subido con nadie (con mi yo, con mi tiempo)
a contemplar los llanos, su paz difuminada;
lejanos, a poniente, desnudos ante el río,
llamas grises los chopos en hilera.

Ya es octubre, por el aire los últimos
gemidos de la brama, la crueldad de unos ecos:
—*nadie vendrá*— repiten, qué ayer acudiría
a decir que no somos otra cosa que espera.

Cuando llegue lo oscuro —ya en la voz anochece—
quién les dirá a los montes que hemos sido,
y qué memorias o qué vientos
borrarán de lo escrito nuestras huellas.

Busco en este gastado paisaje mis orígenes,
sitio, prolongación: de nada somos dueños,
¿es vivir un fracaso?
¿por qué es la tarde compasiva y lenta?

LOS CLAVOS

Llevo días quemando
la casa de mi abuelo,
sus maderas.

Las que elegí, las que hice mías,
las que guardé con cuido
desde el marzo dolor de aquel derrumbe,
cuando cedieron
las tapias ocres y quedó
a la intemperie el antes, mi memoria,
y ellas libres de oficio.

Nunca las quise leña,
en su quietud sumisas,
tras décadas guardadas por mi orgullo,
el ocio estéril y el afán
de la lábil carcoma las llenaron de heridas,
fue entonces cuando enfermas me pidieron
el fin de tal custodia, que cediera,
que al venir de los fríos las juntara
por el ansia del fuego con el ansia del mundo.

Llevo días en ello,
por turnos alimentan
mi hogar con sus severas cicatrices
las encorvadas ripias de madroño,
los tirantes de pino y su ajada prestancia,
los serios contrafuertes,
la altivez de las cerchas...

y en esta tarde fría,
mientras escribo,
mientras dejo del hecho testimonio,
humilde y lento cumple
el bondadoso fresno que ejerciera de umbral.

Arden sin prisa, sin angustias, oigo
hervir sus savias densas, deshacerse mi tiempo
y el suyo doblemente retenido
desde aquel mil
ochocientos sesenta que una mano grabara
—para que yo supiese—
sobre el haz descubierto de una viga.

Miro en sosiego
su manso crepitar, las rubias ascuas,
la despaciosa luz de nuestras dos historias;
el aire huele tibio, hay pavesas
que preguntan al borde del papel,
escribo lumbre y las palabras
acuden ya vencidas:
orígenes, edad, juego, desvanes,
José y Emilia.

Después, cuando la luz se hunde,
converso con lo gris,
con cuanto queda;
de las cenizas salvo parvamente
la ruda clavazón que las tramaba,

cómplices
hierros de forja,
dobladas furias, óxidos donde hallan
los recuerdos el último cobijo

tal vez porque me salven
de la claudicación, porque no quede
mi conciencia sin rastro de lo que ya es desierto.

Madrid también y todavía

Cuando llegué a los bosques
del cemento me quise
una ciudad con todos, un árbol amarillo
junto a una escuela,
trabajador de días sobre andamios
y callada intención, ser la ciudad en donde
la luz quisiera ser partida justamente,
una ciudad por otros,
una sábana alzada contra el viento, pasos,
calles y nombres
a punto de emergencia, que aventasen.

Hoy que conozco
el ojo siena y la verdad injusta
de las fotografías, digo cuerpo y no miro,
digo quiero escribirme, digo abrir
de par en par ventanas,
de par en par la longitud del aire:
soy un hombre que alivia
el trabado albañal de la memoria
con hojas de papel, aquel que ya no miente
porque nada
de los otros ni lo ajeno precisa.

Soy a mitades
Madrid y pueblo mío, territorios
en donde amé la vida, donde me amó la vida.

VOLVER AL BULLAQUE

Hoy hemos vuelto,
y en este lugar mismo que fue nuestro refugio,
en el que entonces tanto amamos,
han talado las nubes y los chopos,
ya no existen las sombras
azules ni la hierba
de los lechos que tanto nos sabían.

Mas sigue siendo una lengua tranquila,
un barbo silencioso nuestro río
bajo la umbría verde.

En los sueños que guardan las riberas,
en la luz que amanece (y es un ángel)
un antiguo rumor, dormido y eco,
se escucha todavía; recuerdo que,
para que no murieran
aquellos días nunca entre nosotros,
tú cogiste dos hojas, gemelas y encendidas,
de helecho y las guardaste,
yo arranqué el seis de junio de cada calendario.
Ya no quedan testigos,
ya no quedan
señales de los soles, tuyo y mío,
que una vez nos poblaron.

Lleva el agua serena en su sosiego
dioses oscuros,
lo que fue de nosotros, mas también

la terrena esperanza de otras lluvias,
de otras bocas y vientres,
de otros cielos que vivan derramados.

Los vigías, los álamos, pregonan
en los vientos que todo
sucede y pasa,
que todo es nueva
sangre bajo su luz, bajo sus blancos ojos,
que todo busca ser lentamente agua y ruina,
parsimonia que fluye, piedras
que al vivir en los usos del molino
del tiempo se gastaron, pero que todo y siempre
acude a ser memoria, terca yedra,
canción y rosas,
que en muy distintos labios
vuelven a ser belleza, corazones y auroras,
tardes que permanecen.

Hoy hemos vuelto aquí, a las dulces orillas,
al lugar donde fuimos lo que siempre soñamos,
y la brisa de ahora nos muestra su contento,
los mudos peces, que se asoman,
parece que recuerdan nuestro asombro.

Hoy hemos vuelto a donde
el deseo y las aguas,
diferentes e iguales, nos renuevan.

FUENTÉVAR

El asunto es vivir,
aunque el sol acarree las sospechas
de fraude en lo pasado

(el aire baja y tizna
de caridad sin fe nuestra esperanza)

vivir como el que acude
al propio desafío: como si tú y yo fuéramos
de culpa no consciente

(desde un hierro escondido
mana un agua que fluye entre pronombres)

vivir igual que náufragos:
en la virtud errantes,
sedentarios cuando los desconsuelos

(guía la luz con pausas
su mínimo caudal hacia el Bullaque)

vivir contra las brújulas,
vivir juntos
el goce de volver a equivocarnos.

Madrid. Marzo y 2003 (I)

Como han podido
pasarte el corazón de parte a parte.
José Hierro

Caí como la lluvia en la serena
grisura donde beben los basaltos,
caí como la lluvia.

Un cansancio de sombras, era sólo
rendición sin ayeres y sin labios,
un cansancio de sombras.

Era viaje sin hebra que ofrecía
a la noche de furias las dos manos,
era viaje sin hebra.

Necesité las hojas, su acarreo,
para saber que estaba derribado,
necesité las hojas.

Hilo y nada mi voz, sólo silencio
mi corazón manaba, sólo barro,
hilo y nada mi voz.

Montes (hacia Luciana)

En las horas tardías, el encrespado mar
de las sierras que llenan el oeste
—mar de cumbres lo llaman los geógrafos—
se ofrece a mi camino,
busco entonces las dos viejas encinas
que guardan la dehesa,
contemplo desde allí la luz naranja
donde tiembla, futuro, el aire frío.

Humildes, asustadas,
imagino las aguas que penetran
a interrogar los valles, el misterio:
pronto vendrán las brumas
y será el horizonte
afilado concepto, como ya es el amor;
tengo a veces
la intención de internarme,
de entrar en ese enigma, el deseo
de escribir la espesura o el vacío
que lo distante oculta.

Dos pastores que guían un rebaño:
Nosotros vamos ya de recogida,
me dicen, con afecto
respondo a su saludo, van despacio,
como llega la sombra sobre el mar de los montes.

Anochece.

Otoño junto al río

Los vencejos,
las solas avefrías
y esta tarde, tan lenta.

La intocada hojarasca de los fresnos,
los helechos,
sus verdes oxidados.

El aire como hipótesis,
como frío de aguja,
como filo de acacia que penetra.

Y la luz
que declina,
entre las ramas, curva.

Todo espera a la nieve,
lo nocturno,
yo ando solo su daño.

Conozco los senderos,
las turbias soledades,
el final de noviembre junto al río.

El almanaque

Esta tarde sin prisa, al colocar
en la pared los doce meses,
vino a vestirme
la luz sepia y callada de las fotografías.

Para alejar el tiempo, su acechanza,
dibujé suavemente, con el índice,
cada historia en su pecho a cada héroe,
por recordarnos nuevos, atentos a la vida.

Sepan cuantos quisieren que
me trajeron los Reyes cuando entonces
siete amigos de infancia y Piedrabuena,
que a la fecha que signo y todavía
siguen estando juntos, siguen estando amigos.

Los ocho ya sabemos que no existen
rojos trenes utópicos que bajen
como antiguo a las bodas en Granada
ni cotiza en la bolsa lo que fuimos
con diecinueve edades.

Y aunque ha llovido tanto
desde cuando arrojábamos zapatos a los ríos,
y hoy los sueños respiran con ayuda,
siguen creciendo
los estanques de hierba en nuestros ojos
y mantenemos juntos
el corazón y el hambre a la deriva.

Atardece en Miraflores

He buscado su altura,
estoy aquí, frente al dorado
mortero de sus muros,
no hay guardián, no hay rastrillo
que prohíba mi entrar, la luz lame los montes,
reclina en Cerrajón, el sol se amansa.

Alguien prende a lo lejos, en la dehesa,
los restos de la poda del olivo
y es el humo
otro nómada enigma, otra
deriva que seduce; miro este valle abierto
que a Piedrabuena ama, viene
conmigo y dentro un hombre gris cansado,
ajeno de apetitos: *Estoy, estamos solos* —dice—
murieron padre y madre, pasan
un día y otro día con secreto,
el ayer donde fuimos
se divisa mejor desde esta altura.

No hay agua en el aljibe
ni su cuenco la espera, cómo envidio
esta calma armonía en que conviven
la bravura del cuarzo,
su agresivo coraje y el sosiego
con que el tapial resiste y envejece, pienso
que en mí no fue posible,
que se ahogó en la cordura
todo lo audaz que pude haber vivido, cruza

muy despacio una brisa que nace de la jara.
Aquí, de pie
ante esta soledad que intenta su combate
conmigo y lo que vive, oigo
confusos, apagados, los ruidos de las gentes,
miro el volcán, su dulce cumbre,
las dos hojas de siembra,
los resecos arzollos
y sus lindes tenaces
de piedra oscura, un hilo de agua
baja hacia el sur, divide
los trozos labrantíos, por el llano,
serenas en despliegue,
crecen calladas sombras,
buscan las casas, buscan
el cobijo del pueblo, los cristales del sueño,
pronto
vendrá la noche.

Tomo un papel —confieso que a esto vine—
y escribo a trazos graves
las treinta y ocho letras: CAMPOS MÍOS,
LUGAR DONDE NACÍ Y EN DONDE ESPERO.

Lo rompo lentamente en cien pedazos
como cien corazones,
se lo entrego a las hierbas, a la tierra.

Madrid. Marzo y 2003 (II)

Me ataron a la cama,
cinco días,
se jugaron con pétalos la muerte
y un corazón en deudas, casi inerte,
si debía callar o si debías
acudir tú a mi cuerpo por las vías
granates de mis venas:
tuve suerte,
mas por miedo a no ser ni a merecerte
disimulé mi voz,
tus compañías.

Diecisiete hace ya,
fértil, dorado,
tu reguero llegó para que dieras
caridad a lo oscuro de mi estado,
que me encontraste así:
herido y tarde,
agotado en la luz de mis cegueras
para esta sed que entre palabras arde.

Recuento

Porque es la vida el daño
y permanece, aquí,
frente a la cumbre erguida
de Valmayor
—y sus sienes de bronce—,
mientras escucho
cómo inunda el cansancio
del sol el rostro extenso,
dorado, de las rañas
y escarbo en su color, hago recuento
de ambiciones y pérdidas,
de los frutos y vanos,
de las sombras que bajan para verme,
de los días con hambre y las altas canciones,
de todos los asfaltos
que anduve y cuanto ignoro.

Como si todo,
todo lo que gasté, lo que viví,
lo amado juntos y lo escrito
hubiera sido bello alguna vez,
verdad.

Autorretrato en mate

Septiembre y nueve

aún no sé
qué de mí salvaría
cuando alcancen las llamas
las letras de mi nombre,
las camisas que uso,
lo que queda del tiempo.

DÍAS PARA DESPUÉS DE AHORA

Ahora que la luz
de octubre desafía
a este patio y su cándida belleza,
ahora, casi adentro, cuando empieza
a ovillarse en su celo la alegría,
ahora —me decía—
que se abrazan temblando en su tibieza
las aves del otoño y la certeza
de que vivir me importa
                              y tú
                                    y todavía...

estivales, pasados días míos,
protegednos del tedio y la carcoma,
guardadnos de los fríos,
y tramad por que sigan su fértil laboreo
dos corceles sin doma,
dos plurales de sed, nuestro deseo.

He vuelto a donde fui
—larga elipse la vida—
porque escribir ha sido,
línea a línea, nudo
a nudo, descolgarme
por la soga que ofrecen
los papeles tintados

hasta mirar de cerca
mi rostro en la quietud
del agua y su memoria

hasta lograr saberme
otra vez nueve edades,
otra vez niño incierto,
en los miedos del pozo.

Salgo a la calle. Un nuevo día crece.

Carlos Sahagún

DIGO

Este libro, como al principio se previene, está dedicado en su conjunto a la memoria de mis padres, Teresa y Leónides, por y con quienes fui, a la vez que a mis hijas Ana y Julia, que se asoman al poema *La casa*, con quienes soy y somos. Poemas hay con destino y albergue en otras personas. Así, *El barreño de zinc* pertenece a mis hermanos Angelines y Pepe que supieron conmigo de sus bondades y sus aguas. *Sandalia* y *Los clavos*, que transitan por nuestros abuelos comunes, son para mis primas hermanas Tere, Milagros, Emilia y el recuerdo de Mercedes, que tanto cariño dio y a quien tanto quisimos. Los poemas del patio nacen y crecen, en su mayor parte, en quien lo cuida y mima, en Mari Carmen, mi amor y compañía. *Los chiris de la Iglesia* vuelan para y en mi sobrino Aníbal. por su dedicación a las aves y su empeño en protegerlas. Los poemas *Teresa* y *Leónides* quiero que los compartan en abrazo protector y dulce mis sobrinas Beatriz,

Inés y Elisa. Para Miguel Ángel, mi sobrino editor, discurre *Volver al Bullaque* por sus ayudas y porque él fue su primer lector. *Seis de mayo en la Fuenteagria* tiene su casa en el corazón de Ana Cano, como mujer que acompañó y amó a Nicolás del Hierro, mi amigo, mi poeta. *El almanaque* surgió y se contiene con mis amigos de infancia, juventud, madurez y sosiego, que en todas las etapas permanecimos juntos, a saber: José Luis Ruiz, Paco Sánchez, Luis Montero, Luis Laguna, Clemente Vega, Emilio Romeralo y la memoria de Arsenio González. El poema *Atardecer en Miraflores* otea para Félix Ortega Albalate y José Luis Laguna Sierra, amantes de su pueblo, sus gentes y paisajes, en gratitud de numerosos apoyos. *Cactus en flor junto al brocal* nació en su momento para Lola Franco, poeta en Guadalcanal, con ella y su amistad continúa. *Patio en noviembre* deseo que se guarde junto a Antonio Parrón, poeta en Cazalla de la Sierra, por tantas muestras de afecto. *Mi primera farmacia* nació por Cristóbal L. de la Manzanara, boticario, siga en él. En *Confesión de fortuna* están y calientan con luz reparadora Rafael Soler y Lucía Comba, que tanto me alumbran. *Al olmo de san Bartolomé*, primer poema que escribí, busca a Julián Valverde, cura y poeta, por su entender y extender las palabras amor, prójimo y justicia. Con José Luis Cabezas Delgado debe quedar *Ante la Yedra*, en hermandad por su buen y amparador servicio de tantos años a su pueblo y el mío, a Piedrabuena.

Enero y 2024

Índice

Es aquí donde espero 11

I Días y tierra
Verano de 1956 15
Al olmo de san Bartolomé 16
Levanta, hijo 17
La fragua de Ángel 18
Instantánea 20
Mi primera farmacia 21
El cine de Antonio 22
Leónides 23
El primer DNI 24
Los chiris de la iglesia 25
Sierra de la Cruz 26
Teresa 27
Los platillos, un juego 28
El barreño de zinc 29
Las armas del fondo 30
Las avispas 31
Jara 32
Calle Nueva 33
Sandalia 34
Fuenteagria 36
Tregua 37

II Patio, y en ocasiones agosto
La casa 41
Aquí 43
Sábado de marzo 44
Instantes 45
Alba en el patio 46
Nube de agosto 49

Los vilanos 50

El sol, el polvo 51

Soplos 53

Ciprés dañado 54

A cuatro manos 56

29 de agosto 57

Cactus en flor junto al brocal 58

Confesión de fortuna 59

El laurel 60

Apuntes 61

La sombra 62

Patio en noviembre 63

III Respiraciones

Tú 67

Ante la Tabla de la Yedra 68

Desde el ciprés 69

Puente de los yerros 70

Esta mano 71

Vado 73

Seis de mayo en la Fuenteagria... 74

En el alto de las antenas 77

Los clavos 78

Madrid también y todavía 81

Volver al Bullaque 82

Fuentévar 84

Madrid. Marzo y 2003 (I) 85

Montes (hacia Luciana) 86

Otoño junto al río 87

El almanaque 88

Atardece en Miraflores 89

Madrid. Marzo y 2003 (II) 91

Recuento 92

Autorretrato en mate 93

Días para después de ahora 94

He vuelto a donde fui 95

Digo 99

Esta segunda edición de Aquí se imprimió
el 9 de enero de 2024